एकीकरण

रमेश सचदेवा

Copyright © Ramesh Sachdeva
All Rights Reserved.

This book has been self-published with all reasonable efforts taken to make the material error-free by the author. No part of this book shall be used, reproduced in any manner whatsoever without written permission from the author, except in the case of brief quotations embodied in critical articles and reviews.

The Author of this book is solely responsible and liable for its content including but not limited to the views, representations, descriptions, statements, information, opinions and references ["Content"]. The Content of this book shall not constitute or be construed or deemed to reflect the opinion or expression of the Publisher or Editor. Neither the Publisher nor Editor endorse or approve the Content of this book or guarantee the reliability, accuracy or completeness of the Content published herein and do not make any representations or warranties of any kind, express or implied, including but not limited to the implied warranties of merchantability, fitness for a particular purpose. The Publisher and Editor shall not be liable whatsoever for any errors, omissions, whether such errors or omissions result from negligence, accident, or any other cause or claims for loss or damages of any kind, including without limitation, indirect or consequential loss or damage arising out of use, inability to use, or about the reliability, accuracy or sufficiency of the information contained in this book.

Made with ♥ on the Notion Press Platform
www.notionpress.com

प्रिय माता-पिता,
आपकी ममता, संस्कार, और जीवन के अनमोल सबक मेरे हर कदम का मार्गदर्शन करते हैं। आपकी छत्रछाया में ही मैंने जीवन को समझने और साकार करने का साहस पाया है।

मेरे जीवन,
तुमने मुझे हर अनुभव का उपहार दिया—खुशियाँ, संघर्ष, और वह अद्भुत यात्रा जो मैं हर दिन तय करता हूँ। तुमने मुझे सिखाया कि जीवन को हर रंग में स्वीकार करना ही असली सौंदर्य है।

मेरे प्यारे बच्चों,
तुम्हारी मासूम हँसी, नन्हें कदम, और अद्भुत सपने मेरे जीवन की प्रेरणा हैं। तुम्हारी आँखों में देखता हूँ तो हर दिन नया उत्साह और आशा का अनुभव करता हूँ।

और मेरी प्रिय पत्नी,
तुम्हारी अटूट प्रेम, साथ और समर्थन ने मुझे हर परिस्थिति में शक्ति दी है। तुम्हारे बिना यह सफर अधूरा है।

इस पुस्तक के हर शब्द में, हर भाव में आप सबका अंश है। इसे आप सबको समर्पित करना मेरे लिए गर्व की बात है।

रमेश सचदेवा

क्रम-सूची

1. गठन

1. मौन

पश्चिम में ढलते सूरज की मद्धिम किरणें
कुछ ही पल में ढल जायेंगी !
आकाश में उड़ते खग युगल
नीड़ में पहुंच आलिंगन में बंध जायेंगे !
नित्य की तरह मेरे नयन
निशा के आगमन के साथ ही
अश्रुओं से छलक जायेंगे !
युग बीत चुके जब से चर्चा बने
हमारे ये प्रणय मिलन !
कब से शशि शहनाई बजाने को आतुर
कब से तारा गण बने बाराती !
निशा ! तुम अब भी क्यों मौन हो ?

2. अंधकार

आसमां में उड़ते खग युगल
बिखेरते संगीत स्नेहिल
दे जाते सन्देश :
तुम भी तो कुछ शब्दों को
छू रंग भरो प्रेम का

और बिखेर दो खुले नभ में
बनने दो इंद्रधनुष विशाल
लुभा ले जो सब को
झूम उठे संसार
और इस छोर से उस छोर
बिखर जाये प्यार ही प्यार
दूर हो जाये नफरतो का अंधकार !

3. छुपा - छुपाई

जीवन के छुपा - छुपाई के खेल में
छुपे तो रहे
" धप्पा " कहने को ,
लेकिन कह न सके !
क्योंकि :
खेल शुरू होने के बाद
बाकी के खिलाड़ी
कभी नजर ही न आये !!

4. जिंदगी

कुछ देती है जिंदगी रोज ;
बदले में लेती है कुछ सांसे
कब मुकम्मल हो जाये
हिसाब किताब लेन देन का
बही खाता है केवल रब के पास !!

5. फासले

फासले मे मीलों दूर
हो दिल के करीब ,
ना ही कभी मिलते
ना ही कभी बिछड़ते !

6. युगल

अर्धांगिनी हो तुम मेरी
ख्याल में तुम ; ख्वाब में तुम
आस में तुम ; साँस में तुम
आसपास तुम ; अहसास तुम !
फिर भी हम नही होंगे
किसी लोकगीत में :
हीर रांझा से ;
लैला मजनू से ;
कोई ताज नही होगा
हमारी मोहब्बत की
दास्तां की याद में !!
क्योंकि :
हम दीवाने नही ;
हम प्रणय कथा के
पात्र भी नही |
हम है जीवन के दो पाट
निभाते कुछ रस्में ,
निर्वाह करते कुछ कसमे ।

अनगिनत ;अनाम हमसे ;
बहुत से
हमसे पहले आये ;
हमसे बाद आने वाले
अग्नि समक्ष वचन देने वाले ;
जीवन पर्यंत निभाने वाले
हर बाधा से जूझने वाले ;
स्वर्ग से से निर्धारित ;
प्रणय सूत्र में बंधे युगल !!

7. सकून

क्या हुआ
जो राहें अलग हो गयी
एक मोड़ पे !
तुम्हे याद कर लेना भी
एक सकून है !

8. इंतज़ार

हम आँखे बंद करके
बैठ जाना चाहते हैं
और
तब तक बैठे रहना चाहते हैं
जब तक

पीछे से आके
कोई कानो में फुसफुसा न दे
" चलो इंतज़ार खत्म हुआ "

9. प्यार

आसमान में उड़ते खग युगल
बिखेरते संगीत स्नेहिल
दे जाते सन्देश :
तुम भी तो कुछ शब्दों को
छू रंग भरो प्रेम का
और बिखेर दो खुले नभ में
बनने दो इंद्रधनुष विशाल
लुभा ले जो सब को
झूम उठे संसार
और इस छोर से उस छोर
बिखर जाये प्यार ही प्यार
दूर हो जाये नफरतो का अंधकार !

10. कातिल

असहज मन , व्याकुल चित , नयन बोझिल
ढूंढ रहा कहाँ है मेरे स्वप्नों का कातिल !!

11. ठुमक

ठुमक... ठुमक.... ठुमक,

बाल हठ करता
चले मन मेरा !
ना कोई मंज़िल
ना कहीं पहुचने की जल्दी !
ठुमक ....ठुमक ....ठुमक
बाल हठ करता
चले मन मेरा !
मंज़िलें तय करके
विश्राम करने को ठहरा
तो लौट आया बालपन।
ठुमक ....ठुमक ...ठुमक
बाल हठ करता
चले मन मेरा !
सुनी अनसुनी कर देता
बस खुद में ही रहता
ठुमक... ठुमक ...ठुमक
बाल हठ करता
चले मन मेरा !
डांट का न कोई असर
न कोई किसी की फिक्र
मुस्करा देता ; खिलखिला पड़ता
बहुत कोई कह देता
तो ज़िद्द पकड़ लेता !
ठुमक ...ठुमक ..ठुमक
बाल हठ करता
चले मन मेरा !
साठ नही आठ का

बन जाता मन मेरा
ठुमक... ठुमक .ठुमक
बाल हठ करता
चले मन मेरा !

12. युद्ध

यूँ ही नही
मन इतना उदास
सुनता है फटते
बमो की आवाज़ !
है दिखता
रक्त रिसता !
खुला घूमता दानव
कराहता मानव !
बारूद के ढेर पे
बेकाबू उंगलियां
आंखों में शोले
नफरत के
शहर में आग
आसमान में धुआं !
बेबस शहर के
बच्चे बूढ़े औरते
रेंगते सुरंगों में
जान बचाते !
भूख प्यास
बस भूख प्यास

नही कोई आस !
तहस नहस ,
कल तक थे
जो आशियाने
हुए खंडहर
किसे थी खबर
खुदेगी ऐसे कब्र !
बहुत से बच्चे
दूर दराज से
आये थे संजो
आंखों में
सुनहरा भविष्य
मानव सेवा का
किसने सोचा था
ऐसा होगा व्यवहार
हो जायेंगे लाचार !
कहानी ही कहानी
बन जायेंगी
इन त्रासदियों की
सुनाने वाले सुनाते सुनाते
सुनने वाले सुनते सुनते
गिर पड़ेंगे थक के
लेकिन कहानियाँ
खत्म न होंगी कभी !
युद्ध की विभीषिका
पहले भी हमेशा रही ऐसी ,
अब क्या बदलेगी ?

फिर भी हर युग मे
कुछ सिरफिरे
अपने अहंकार
की खातिर
चढ़ा देते मानवता
की बलि !

13. वादा

मंजिले और भी हैं बाकी,
साथ चले थे , साथ रहेंगे ।
न सोया था , न जागा था
ख्वाब भी आधा आधा था
क्यो लगा किसी ने छू लिया,
कहीं तुम ही तो नही थे
क्यो कि आज मिलने का वादा था ।

14. आम

उन आम के पेड़ों पर फिर बौर आया है
जिन पे चढ़ जूठे आम तुम्हारे लिए
कुर्ते की जेब मे सहेज के रख लेता था
और मौका मिलते ही
रख देता था तुम्हारी हथेली पे ।

15. मातृत्व

समुद्र की मचलती लहरों ने
छू लिए सुप्त धरा के लब ;
सांसो में उमड़े मेघा ;
उड़ दूर कहीं
बरस पड़े मैदानों में
हरियाली से आई खुशबू
दे गई सन्देश :
अब हुई युवा धरा ;
फूल होंगे , फल होंगे
मातृत्व का सुख
वात्सल्य से लबालब
मां की गोद मे खेलेंगे
शिशु अनेकानेक !!

16. मिलन

ठिठको नही ;
रुको नही ;
चले आओ ;
हम ही थे
अधीर ;
आतुर
प्रतीक्षा में
देहरी पे बैठे
नयन बिछाए !
बरसों की
अराधना

और
आज
मिलन !
धन्य हुए
हम !!

17. ऐतबार

कुछ कदम हट के चल के देखो
ये रास्ते पुराने तो उसी ओर ले जायेंगे ,
बोर्ड बदलने से क्या रास्ते बदल जायेंगे ?
वह तो खुद को भी है बहकाना
और दूसरों को भी है भटकाना !
यह तो पहले भी हो चुका कई बार
बार बार टूटा है ,फिर टूट रहा ऐतबार !
क्यों खालीं खोखले ढोल बजाते हैं
क्यों हर बार सपने आसुंओं में बह जाते हैं ?
किस को चुने किस को दे इस बार घर की चाबी
क्यो असमंजस होता है कि कौन हो उसका मांझी ?
हम तो पहले भी पाँच वर्ष में उंगली पे निशान लगवा आते
भले ही खड़े -खड़े कतार में पाँव थकही क्यों न जाते !
फिर वही होना है ; होगा , हम कर्तव्य अपना पूरा करेंगे
क्या तुम भी कभी पोस्टरों पे छपे को दोबारा पढोगे ?

18. परिचय

आओ चले चलते हैं

किसी खेत कि मेंढ
बैठ ज़ाते हैं छाँव तले
किसी पेड की !
इन दसवे ; पंद्रहवें ;
बीसवें पच्चीसवें माले पे
न जाने क्यो दम घुटता है
आदमी ही आदमी को
एक अजूबा लगता है ,
कभी खिडकी से
कभी बालकोनी मे
और कभी लिफ्ट मे
अभिवादन के नाम पे
केवल सिर हिलते हैं ;
परिचय किसी नाम से नही
केवल नम्बर से रहता है ;
दिल चाहता है
खुल के मिलना
बहुत कुछ कहना ;
बहुत कुछ सुनना ,
लेकिन एक अपरिभाषित
चुप्पी सिल देती है लब !
इसी वजह से दिल चाहता है
आओ चले चलते हैं
किसी खेत की मेंढ पे
बैठ ज़ाते हैं छाँव तले
किसी किसी पेड़ कि !
हो सकता है धरातल पे

फिर जुड़ जायें
मालों मे टूटते
मानव के रिश्ते !

19. नोट

हमने भी बहुत बार बदले हैं
नो ......ट
जब हम पढ़ा करते थे !
खुली तंग गलियों मे
घूम -घूम के
कभी पैदल
कभी साइकिल पे ,
इस छोर से
उस छोर तक
मकान का नम्बर
और
नेम प्लेट पढ़ -पढ़
अन्दाज़ लगा या फिर
डरते झिझकते पूछके
पहुँच जाते थे वहाॅ
जहां नोट बदलने होते !
पहले चेक करते कि
कोई और तो लाइन मे नही
क्योंकि एक बार मे
एक ही लाइन मे
आ सकता था !

बहुत खूश होते थे
नोट बदल के !
भले एक शब्द न पढ़ते
नोट के बदले नोट से !

20. बड़े

मेरा बच्चा मन
अक्सर पकड़ मेरी लाठी
ले जाया करता है ;
बीच समुद्र
वीरान, शांत टापू पे
और पूछा करता है ,
" क्या हो गया पूरा भ्रमण ?"
नि:शब्द हो जाता हूँ मैं !
उत्तर की तलाश मे
आँखो के सामने
तैरने लगता है
जीवन का सारांश !
इससे पहले कि
कह सकूं कुछ
फिर एक प्रश्न
गूँजता है कानो मे :
" हो लिये बड़े , बन गए बड़े "
रुक जाती है साँस
करते करते हिसाब :
" हो लिये बड़े , बन गये बड़े !"

कह तो अब भी कुछ नही पाता
लेकिन महसूस ज़रूर करता हूं :
हर दिवस थोड़ा - थोड़ा करके
मारा है मैने मेरे बच्चे मन को
इस बड़े होने मे ; बड़े बनने मे
और ....
इनसे भी ज्यादा
बड़े दिखने मे !!!!!!!!

21. पड़ाव

जीवन का यह पड़ाव
क्यों ऐसा लगता है कि
जीवन सारहीन , स्वादहीन
हो गया है ?
क्या सेवा से मुक्त होने के
एक कागज से जुड़ा था
जीवन का सार्थक
या सार्थकहीन होना ?
ऐसा संकुचित सार
तो शायद स्वयं ही
गढ़ लेते हैं हम
और भर लेते हैं
जीवन को अवसाद से !
जीवन तो निरंतर था है
और रहेगा !
बचपन था तो

पांव पे खडा होना था ,
यौवन मे भी यही करना था
लड़खडाने से बचना अब भी है !
ज़िम्मेवारी भी बचपन से
अब तक है बरकरार -
हाथ बटाने से
हाथ थामने पे आयी
और अब हाथ पे हाथ रख
न बैठने की है !
जब भी सोचा अब मुक्त
हो जाते हैं
बहुत ढ़ो लिया ,
दुसरों की छोडो
अपनो को ही लगे
अभियुक्त !
चलते जाओ , करते जाओ
चलते जाओ , करते जाओ
मकसद इसी मे ढूँडो
होता भी इसी मे है ,
कल जो किया था
फिर करना होगा
लेकिन नई तरह से करोगे
तो नीरस नहीं होगा ,
पेड भी हर वर्ष
नये पत्ते , फूल और फल देते
सीख लो उनसे !

22. ख्याल

न मिलते , न दिखते कभी
फिर भी जब भी फुरसत होती
ख्यालों में खो जाते तुम्हारे ,
निरन्तर बातें करते
अनगिनत प्रहरों तक !
न जाने कहाँ से शुरू होती बातें
कोई मकसद सा भी कभी होता नही।
हो भी कैसे ?
मकसद की बातें तो व्यपार में होती हैं
प्यार में केवल बातें ही बातें होती हैं !
कोई सुन समझ ले तो शायद पागल ही कहे !
फिर क्या है ?
यह तो बात पुरानी
पागल ही कहलाते पात्र
जब जब जग प्रसिद्ध होती
दीवानों की प्रेम कहानी !

23. मतदान

शहर की दीवारों पे लगे पोस्टर
इन पे लिखे लुभावने नारे ,
शहर में दौड़ती गाड़ियां
इन से गूंजते नारे ,

रैलियों में गरजते नेता
उन के मुख से उगलते नारे ,
जनमानस को आस बंधाते
यह हर गली चौराहे पे नारे !
बस कुछ ही दिन में खो देंगे
अपनी चकाचौंध !!
हर बार की तरह
असहाय और बेबस
अपने दुखड़े रोता
नेताओं को कोसता
और कभी कभी उन्हें
याद दिलाने को
सड़कों पे बाट जोहता
सरपट दौडती गाड़ियों के बीच
एक वो गाड़ी
जो घिरी सुरक्षा के बीच
मुझे निकट तक फटकने नही देती
खाली हाथ लौट आता
खुद को आश्वासन देता
अबकी बार नही करूँगा
उसके लिए मतदान !
लेकिन किस के लिए
करेगा मतदान अगली बार ?
कुछ समझ नही आता
फिर उहापोह में
बटन दबा आता !
करूँ भी तो क्या

लोग वही के वही
चेहरा नया लगा
हर बार कोई न कोई
मेरे मत पे डाका
डाल जाता !
वाह रे भारत भाग्य निर्माता
वाह रे भारत के मतदाता !

24. शासक

उन्मादी भीड़ के हवाले शहर
असहज था मन ;
अपने ही घर मे कैद था ,
क्योंकि बाहर चारो तरफ
दूर - दूर तक
उन्मादी भीड ने
शहर पे कर रखा था कब्ज़ा !
शोर सुना
खिड़की के पास चला गया
भीड पत्थरों को
हाथ मे लहरा रही थी
आगे बढ़ने से रोकने को
थे तैनात शासन के बल !
धर्मान्धता व कानून
थे आमने सामने ! !!
क्यों ?
क्योंकि किसी ने

धारण कर रुप भगवान का
चीर हरण किया एक इंसान का !
उसका क्या बिगड़ा ?
जल गया शहर
टूट गया विश्वास
उजड गए परिवार !
वे नही सोचेंगे कभी
हमे ही सोचना होगा
कब तक सींचेगे
इस तरह विधर्मी ,
कुकर्मी को ?

25. रिटायर

ऐसा अच्छा नही लगता
कुछ तो किया करो !
रिटायर हो गए तो क्या ?
खाली बैठना अच्छा नही होता !
कुछ तो किया करो ना !
एक्टिव रहना अच्छा रहता है
कुछ तो किया करो न !
चाय पी ली हो तो :
मेज पे रखी सब्जियों को धो देना ,
आज जो खानी हो उसे बाहर रख ,
बाकी फ्रिज में जमा देना !
दूध वाला आयेगा , पतीला निकाल
छान के गैस पे गर्म होने को रख देना ,

ख्याल रहे उबल के गिर न जाये ,

उबल जाए तो उतार के रख देना स्लैब पे

ठंडा होने पे ही फ्रिज़ में रखना ,

नही तो खराब हो जायेगा !

खाली बैठना अच्छा नही लगता

कुछ तो किया करो ना !

देखो मैंने कपड़ों की मशीन लगा दी

पहले कपड़ों को ड्रायर में डाल देना

फिर सूख जाएँ तो ड्रायर से निकाल

छत पे बंधी रस्सी पे सूखा देना ,

सूख जायें तभी उतार के लाना

गीले कपड़े बेड पे नही रखना !

खाली बैठना अच्छा नही लगता

कुछ तो किया करो ना !

इस बीच नाश्ते के सामान बेकरी से ले आना

जो भी ले आओगे मिल के खा लेंगे ,

चाय बनाते समय चीनी , दूध का ख्याल रखना

नही तो दिन भर का स्वाद बिगड़ जाता है !

खाली न बैठा करो अच्छा नही लगता

कुछ तो किया करो न !

लंच से पहले कपड़े इस्त्री करने को दे आना

कपड़े ठीक से गिन के देना !

देखो भिंडी जो आज बनाने को रखी हैं

उन को धो के अच्छे से सुखाना

नही तो जब बनाओगे तो लेस छोड़ जाएंगी !

हाँ , आटा रोटी बनाने से आधा घण्टा पहले बनाना

नही तो रोटी सूख जायेगी !

खाली न बैठा करो , अच्छा नही लगता
कुछ तो किया करो न !
जब सफाई बर्तन वाली आये तो
लेट नही जाना आंख लग गयी तो
ठीक से सफाई बर्तन नही हो पायेगी !
जब व चली जायेगी तो :
आप द्वारा बनाया स्वादिष्ट लंच मिल के करेंगे
और फिर रेस्ट करेंगे !
चिंता न करें सांझ की चाय आज मैं बना दूंगी !
डिनर तो हम करते ही नही !
बस थोड़ा दूध ही तो गर्म करना होता है
वो आप नियमित कर ही देते हैं !
आप बहुत अच्छे हैं
खाली बैठते ही नही
एक्टिव रहते हैं
मेरा व अपने स्वास्थ्य का ध्यान रखते हैं !
खाली न बैठा करो , अच्छा नही लगता
कुछ तो किया करो न !

26. जिंदगी

कभी न खत्म होने वाली सड़क सी दिखती जिंदगी
या दिखती मिलती दूर कहीं क्षितिज सी यह जिंदगी !
जी रहा जो उसे नही दिखता कभी जिंदगी का दूसरा छोर
लगता बहुत बची है , नही रहता पता कब नही होगी भोर !
रहता जब तक जवान और रहता देह में ऊर्जा का संचार
एक होड़ सी लगीं रहती मन मे जीत ले जैसे पूरा संसार !

ऐसा लगता रहना ही चाहिए , जीवन मे यह अत्यंत जरूरी
बैठे क्यों कोई निठला जब तक कोई न हो तन की मजबूरी
!
हमसे से पहले जो आये जग में अपने कर्म से बनाये उद्यान
हमने किये प्रयोग जीवन मे सब साधन बिन किसी व्यवधान
!
निठल्ले बैठ जो भोग लिए वो सब जो बना गये हमसे पहले
बड़े
क्या आ जायेगा आने वाली संतानों के लिए खाली पड़े रहे
जो खड्डे !
खड्डों में लगाने होंगे फल फूल देने वाले पेड़ पौधे अनेको
अनेक
ताकि खाली पेट नह रहे कोई आने वाला , जी भरके खाये
हरेक !

27. सवारी

वो आती जरूर है
सब के पास आती है ;
मिलती है !
साथ ले जाने के निश्चय से आती है
और ले भी जाती है !
किसी के पास जल्दी आती है
किसी के पास देर से आती है ,
कहीं भी आती है :
घर , बाज़ार , मन्दिर ,
हस्पताल , कार्यस्थल पे !

किसी भी रूप में आती है ,
बिन बुलाये आती है ,
कोई चाहे या न चाहे
आती ही आती है !
जिस के लिए आती है
उस को ले के ही जाती है
बाकियों को भी याद दिला जाती :
आऊंगी सबके के पास
बारी - बारी
बताऊंगी नही
कब किस के लिए
आएगी सवारी !

28. जुदा

जो चले गये मेरे अपने
इच्छा होती है कि एक बार
देख आऊं उनको
जो हो के जुदा
चले गए किसी और जहां
कि वे ठीक से तो हैं
क्योंकि :
स्वर्ग में स्थान पाने के लिए
तीर्थ -तीर्थ घूमे वे ;
मन्दिर -मन्दिर शीश नवाये ;
खुद भूखे प्यासे रह के
मूर्तियों को भोजन वस्त्र चढ़ाये

और तो और
इसी अभिलाषा में
पुत्र पौत्र को
दिया यह सन्देश
"जुदा भी हो जायें तो
जारी रखना परम्परा
तभी बनी रहेगी अनुकम्पा

29. बोझ

किस -किस शिकवे की
गठरी का बोझ उठाए
यूँ ही चलते रहेंगे हम ?
सब उतार फेंका हमने तो !
ज़िसका दिया था
वो ही सोचे करना है क्या !

30. तापमान

हमारी उम्मीदों के तापमान
घटने -बढने का प्रश्न ही नही
क्योंकि हमने अपनी उम्मीदों का तापमान
शुन्य पे सेट कर रखा है !

31. दर्द

कभी कोई बता तो नही पाया कि :

जाने के साथ दर्द भी चला जाता है !

32. मुद्दतों

क्या कभी किया था यह अंदाज
मुद्दतों के बाद फिर मिल जायेंगे आज !

33. बेताब

क्या करेगा ज़माना ऐतराज
जब दो चाहने वाले हैं मिलने को बेताब !

34. उन्माद

ना पी के पीने का स्वाद ही कुछ और है ,
खुद के नशे मे डूब जाने का उन्माद ही कुछ और है !

35. कार्यवाही

हताहत तो होते रहे बार बार
जवाबी कार्यवाही की नही कभी !

36. आसमान

बादल को देखा भी छुआ भी है :
देखा तब जब बादल आसमान में था ;
छुआ तब जब मैं आसमान में था !

37. लिफ्ट

रफ्तार धीमे हो या तेज
दिशा कोई भी हो ,
दशा तो नदी की एक ही होगी
अंतिम साँस समुद्र से
लिफ्ट कर ही लेगी ।

38. रूप

गीली मिट्टी से हम
जब तुमने सँवारने का बीड़ा उठाया ,
तभी से सूख रहे हैं धूप में,
कभी आ के देख तो लेते
रूप तो वही है जो तुमने चाहा ।

39. जख्म

मुस्कराते आँसू
दास्तां बयां कर देते हैं
हंसते जख्मों की !

40. तूफान

.तूफान का अपना काम था:
बिखेर के चला गया ,

लेकिन तुम्हारे हौंसले से बड़ा ना था
जो तुम फिर से उठ ना सको ।

41. चुपके से

धीमे से आए
चुपके से चले गए,
ना कुछ कह सके
ना सह सके !

42. प्रेम

निहार खग युगल को
प्रेम में इतराते,
रुक गये कदम
कहीं विघ्न न बन जाएं
इस मुक्त प्रेम में ।

43. नूर

नि: शब्द होंठ
कुछ कुछ कह दे
मुस्कराती आंखे
बिखेर दे कोई छट्ठा
यह नूर ख़ुदा
सब को नही बख्शता !

44. शहद

मधु मक्खी का
दंश झेलता फूल
शहद लुटाने को,
यही दंश झेलता मानव
शहद को लूट लाने को ।
लूटने और लुटने दोनो मे ,
दंश झेलना
शायद नियम है कुदरत का ।

45. मोहब्बत

मोहब्बत में शहीद होंने पे
कोई लौ जलाता नहीं;
खुद बख़ुद जलती है
और ताउम्र बुझती नही !

46. जड़ें

बड़, पीपल और प्यार की जड़ें गहरी होती हैं
कटती हैं ; छट्ती हैं फिर भी बार - बार हरी होती हैं !!

47. दर्द

फर्क होता है उस दर्द में जो शब्द बयां करते है
और जो डॉक्टर पर्ची पे दर्ज करता है !

48. अकेले

चलते - चलते अकेले हो गए;
रूक गए एक मोड़ पे;
फैसला नही कर पा रहे थे जाएं कहाँ:
अब जब चले गये हैं वो छोड़ के ?

49. दिल

हर सांझ शब्द माला पिरोता हूँ कि दिल की कह सकूँ !
दिल कहता : खुद भी आराम करो मुझे चैन से रहने दो

50. आँसू

आँसू जब भी आंखों में किसी के आते हैं
दिल पे जमे गमों को पिघला जाते है !

51. जिंदगी

किसी की नकल करें या खुद को पहचानें
जिंदगी तूं ही समझा कैसे तुझे बेहतर जानें ?

52. प्रेम

एक मुद्दत शिद्दत से सींच प्रेम तरु होए ,
उड़ते खग बैठ शाख पूछी ले :
क्या हमसे प्रेम होई ?

53. जद्दोजहद

जद्दोजहद है ; जीवन मुट्ठी में रेत सा फिसल रहा
इसी कशमकश में जीवन निकल रहा !!!

54. लफ्ज़

कहते तो रहते ही हैं दिल की बातें दिन और रात
कभी लफ्ज़ कभी खामोशी बयां कर देती जज़्बात !

55. जग

आँख खुली तब से जग देखा ;
आंख खुली की खुली रह गयी जो जग देखा !!

56. कराहते

दिल तो मिले ही थे हम भी मिल जाते
तो जीते जी हम यूँ ही न मर जाते !
बचपन के घरौंदे जो घर बन जाते
आठों प्रहर हम यूँ न कराहते !

57. जिये

न बने , न बिगड़े आधे अधूरे ही जिये
आधे जले ; आधे न जले दिल के दिये ,
पूछते रोज बीच बीच के अनजले दिये :
कसूर क्या था हमारा जो हम न जिये ?
समझाते रोज : होगी यह भी कोई रीत
जो आधी अधूरी ही रह गयी यह प्रीत ,
एक जन्म केवल मिलते हो शायद मीत
एक होने को जन्म दोबारा लेते हों ये मीत !
गिर जायें कहीं तो मत कहना : नशे में था ,
कोशिश मत करना जानने की कहाँ से था ,
मंजिल की तलाश में निकला था
रुका हूँ पड़ाव पे !

58. बहक

क्या करूँ
कुछ कुछ
गया हूँ बहक,
नशा भी था
और थी लुभावनी महक !
लौटे तो आएंगे ;
कब और कैसे ,
नही है खबर !

59. दर्द

सीना छलनी है ,
रक्त रिसता है हर पल
दर्द सिसकते हैं ,
लेकिन दिखते नही !
अब ना जिक्र करेंगे दर्द का
हर रोज कह देते हैं खुद को,
लेकिन , सांझ होते - होते
दर्द कुछ इस कदर बढ़ जाता है
फिर हाथ ढूंढते अल्फ़ाज़ों की
छुपाई पुड़िया को
दर्द दिल को बयां करने को ।

60. मेघा

मेघा !
ऐसे खाली - खाली
मत आओ
जाओ ;
जल के साथ आओ ;
बरसो;
तपती धरा तरस रही
अश्रु भरे आलिंगन को !

61. तूफान

तूफान के पहले की खामोशी
तो गुबार निकालने को
मौके की तलाश है
ओर बर्दाश्त भी ,
लेकिन तूफान के बाद की खामोशी
बर्दाश्त नही,
इस मे पहल तुम ही करो
ऐसा भी ख्याल नही रखते !
चाहत क्यों हो आहत
" पहले तुम , पहले तुम "
के इंतजार में ।जाती न थी कभी मंदिर
न कभी पढ़ती थी कोई धार्मिक पोथी
धन्य समझती थी स्वयं को
सबको खिला अपने

2. विशेष

1. शिशु

(1)
अभी तो बंद भी नही हुआ था ,
प्रथम शिशु का भी स्तनपान
दूसरा आ गया गोद मे ,
प्रश्न खड़ा हो गया कैसे हो दोनो का ध्यान !
दूसरे शिशु के जन्म के साथ ही ,
एक बड़ी दुविधा में पड़ गयी माता ,
क्या करे , किस से कहे , क्या कहे
कुछ समझ नही था उसके आता !
जब आये पीहर से ताऊ ताई देने बधाई
तो सांझी की उनसे अपनी मुश्किल
बेटी की समस्या पे कर विचार ,
ले आये अपने साथ बड़े शिशू को रख बड़ा दिल !
वक्त वह बहुत ही था भला
जब सम्भाल लेते थे हर समस्या घर के बड़े
आज तो हो जाये ऐसा कुछ ,
तो बिन मांगी सलाह दे चल पड़ते खड़े खड़े !
भले आय थी कम दिल के बहुत ही थे धनी
उस शिशू के बुजुर्ग नाना नानी
मेहनत मजदूरी कर गुजर बसर् कर लेते वे ,

बस इतनी ही थी आमदनीं !
(2)
बताया गया जब हुआ बड़ा
कैसे कैसे पला यह शिशु , नानी माँ की गोद मे
रहता था बहुत बीमार
था बहुत बाधा पहले से पल रहे बच्चों के आमोद में !
नानी मां का धैर्य था बहुत ,
कर देती सबकी अनसुनी रहती अपनी धुन
बीड़ा बहुत बड़ा उठाया था ,
होता है किसी किसी मे इतना बड़ा गुन !
दिन भर मे न जाने किस किस तरह से
यह शिशु देता उस माँ को इतना कष्ट
सुनती थी सब के उलाहने कि
क्यों ले आयी ऐसा बच्चा जो नही था हष्ट पुष्ठ !
कह देती वह माँ सब को यह तो रहेगा
और पलेगा इसी चूल्हे
जिसको नही पसन्द छोड़ जाये
और जा बसे दूसरे मुहल्ले !
उस के जैसी माँ मिलती कैसे किसी को ,
जन्म न दिया फिर भी रही थी सबको पाल
ब्रह्म मुहूर्त जाग जाती , किस को क्या क्या
दिन भर चाहिए रखती पूरा पूरा ख्याल !
(3)
एक आध सप्ताह या एक आध माह नही
रहा नानी माँ के संग आईवर्ष पूरे पांच
दो वर्ष का था जब नानी ले आयी
और लौटा आई जब उम्र हो गयी पूरे सात !

इतना रहता था बीमार बचपन में
हो न पाता था अपने पाँव पे खड़ा
वर्षों का तप नानी माँ का तभी हुआ काबिल
अपने पैरों पे आगे बढ़ा !हाथ से रोटी !
कभी गुस्सा बहुत हो जाती किसी वजह से
तो नही बनाती थी रोटी
चले जाते बच्चे तो बहुत थी रोती
और पहुंच जाती स्कूल ले के सोटी !
ढूंढ लेती क्लास बच्चों की
और दिखाती कपड़े में लिपटा भोजन
खाना खिलाती सबको
और आंखों में आ जाता प्रेम का रुदन !
(4)
अब तो केवल यादें ही बची हैं
नानी मां के खुद के मुख से सुनी बातों की
अब नही बची नानी मां जो गोद मे बिठा सुला
सुनाये बातें जगरातों की !
बहुत जोर देने पे मस्तिष्क पे
कुछ कुछ बातें बचपन की आ जाती हैं याद
मां गुस्सा होती तो पहुंच जाता नानी के पास
और रखता अपनी फरियाद !
भले ही छोड़ नानी का घर
आ रहने लगा था माता पिता के पास
लेकिन कभी बंधा नही बन्धन में
और न ही माँ बाप को थी आस !
जब दिल किया पहन जूते मोज़े
कह देता था जा रहा नानी घर

दूर नही था ,कभी पैदल ही निकल पड़ता
या कभी साइकिल पर !
नानी भी मानो बाट जोह रही होती
कि आज आयेगा करती बहुत प्यार
कभी माता कभी पिता वापिस लिवाने आते
तो भी नही होता था तैयार !
(5)
स्कूल में भी ले लिया था दाखिला फिर भी
जब मन करता कर लेता छुट्टी
कर के छुट्टी भाग जाता नानी घर
और दर्द से कराहती नानी को भर देता मुट्टी !
पाल पाल बच्चों को बूढ़ी हो गई थी अब नानी
और दुखते थे उसके पाँव और पीठ
भर देने से मुट्टी मिल जाती थी राहत नानी को ,
कभी गर्म कर देता था उसको ईंट !
गर्म ईंट की सिकाई और मुट्ठी से दबाने से
मिलती थी उनको बहुत राहत ऐसा वो बताती थी
न थे कोई हस्पताल न ही कोई दवा होती थी
बच्चों का स्पर्श ही माँ की दवा बन जाती थी !
मुझ से पहले पले बच्चे बहन भाई के
सब जा चुके थे आगे की पढ़ाई के लिए
मैं था सबसे छोटा और अभी
समय लगना था इससे लायक बनने के लिए !
कुछ बड़ा हुआ तो नानी के घर पहुंच गया
फिर एक बार
कक्षा षष्टम थी बस्ता बड़ा
मुश्किल से उठा पाता था भार !

2. बेतकल्लुफी

खुशी भी हुई और ताज्जुब भी हुआ
जब बरसों बाद वो मिले आज ,
खामोश सी दुआ सलाम भी हुई
वो बेतकल्लुफी (के दिन
तो न लौटेंगे कभी अब !

3. प्रेम कहानी

न मिलते , न दिखते कभी
फिर भी जब भी फुर्सत होती
ख्यालों में खो जाते तुम्हारे ,
निरन्तर बातें करते
अनगिनत प्रहरों तक !
न जाने कहाँ से शुरू होती बातें
कोई मकसद सा भी कभी होता नही।
हो भी कैसे ?
मकसद की बातें तो व्यपार में होती हैं
प्यार में केवल बातें ही बातें होती हैं !
कोई सुन समझ ले तो शायद पागल ही कहे !
फिर क्या है ?
यह तो बात पुरानी
पागल ही कहलाते पात्र
जब जब जग प्रसिद्ध होती
दीवानों की प्रेम कहानी !

4. बचपन

दिल तो मिले ही थे हम भी मिल जाते
तो जीते जी हम यूँ ही न मर जाते !
बचपन के घरौंदे जो घर बन जाते
आठों प्रहर हम यूँ न कराहते !
न बने , न बिगड़े आधे अधूरे ही जिये
आधे जले ; आधे न जले दिल के दिये ,
पूछते रोज बीच बीच के अनजले दिये :
कसूर क्या था हमारा जो हम न जिये ?
समझाते रोज : होगी यह भी कोई रीत
जो आधी अधूरी ही रह गयी यह प्रीत ,
एक जन्म केवल मिलते हो शायद मीत
एक होने को जन्म दोबारा लेते हों ये मीत !

5. सार

बस ..बस ...
चंद लम्हो में सिमट जाये सब
बहुत हुआ ... विस्तार ..विस्तार
कुछ तो होता होगा सब का सार ,
बस अब हो जाये उसी से सामना !
बिखर बिखर बहुत जी लिए !!
कुछ संक्षिप्त सा
भाव बता दे कोई ,
विराम दे दे कोई ,

असीमित , अविरल बहते
रोज नई नई तरह से परिभाषित
इस अनन्त से
वाद विवाद पूर्ण जीवन का !

6. साँझ

मुझ को मुझ से ही बिछड़े
हो गई है जीवन की साँझ !
पा लेना चाहता हूँ
मुझ को ;
उस मुझ को ,
मालिक ! जिसकी कल्पना भी
बिन तुम्हारे
है अस्तित्व हीन !

7. बहुत हुआ

हुआ बहुत से मुद्दों से साक्षात्कार :
भृष्टाचार ; रोजगार ; व्याभिचार ;
शिक्षा ; चिकित्सा ; स्वच्छता;
अनुदान ; विधान ; प्रावधान
विनिवेश ; निवेश ; स्वदेश
गंगा ; यमुना ; सरस्वती उद्दार
बैठे दुश्मन देश मे और उस पार
देश से भागे ले के उधार !
कुछ पुराने मुद्दे कुछ नए गढ़े

कुछ नही कम हुए बढ़े ही बढ़े ,
बहुत हुआ प्रयास का प्रचार
लेकिन फिर भी वहीं के वहीं खड़े !
धन को बहुत हुआ जनता से दोहन
हुए विभागों को विभिन्न मदों आबंटन
फिर भी परिणाम सदा की तरह ठनठन !
क्या किया जाए ? कैसे होगा पूछे हर जन
पहले भी ठगा जाता था , अब भी ठगा जा रहा
पहले भी हो जाता था खोमोश ,
रह जाता था मन मसोस ,
न पहले था , न अब है संतोष !
निश्चित ही बदलेगी नियति
लेकिन नीयत पहले बदलनी होगी
फिर ही हो पाएगी सफल कोई नीति !

8. जीवन

जीवन का यह पड़ाव
क्यों ऐसा लगता है कि
जीवन सारहीन , स्वाद विहिन
हो गया है ?
क्या सेवा से मुक्त होने के
एक कागज से जूड़ा था
जीवन का सार्थक
या सार्थहीन होना ?
ऐसा संकुचित सार
तो शायद स्वयं ही

घड़ लेते हैं हम
और भर लेते हैं
जीवन को अवसाद से !
जीवन तो निरंतर था है
और रहेगा !
बचपन था तो
पांव पे खड़ा होना था ,
यौवन मे भी यही करना था
लड़खड़ाने से बचना अब भी है !
ज़िम्मेवारी भी बचपन से
अब तक है बरकरार -
हाथ बटाने से
हाथ थामने पे आयी
और अब हाथ पे हाथ रख
न बैठने की है !
जब भी सोचा अब मुक्त
हो जाते हैं
बहुत ढो लिया ,
दुसरों की छोडो
अपनो को ही लगे
अभियुक्त !
चलते जाओ , करते जाओ
चलते जाओ , करते जाओ
मकसद इसी मे ढूँडो
होता भी इसी मे है ,
कल जो किया था
फिर करना होगा

लेकिन नई तरह से करोगे
तो नीरस नहीं होगा ,
पेड भी हर वर्ष
नये फ्ते , फूल और फल देते
सीख लो उनसे !

9. सवारी

वो आती जरूर है
सब के पास आती है ;
मिलती है !
साथ ले जाने के निश्चय से आती है
और ले भी जाती है !
किसी के पास जल्दी आती है
किसी के पास देर से आती है ,
कहीं भी आती है :
घर , बाज़ार , मन्दिर ,
हस्पताल , कार्यस्थल पे !
किसी भी रूप में आती है ,
बिन बुलाये आती है ,
कोई चाहे या न चाहे
आती ही आती है !
जिस के लिए आतीं है
उस को ले के ही जाती है
बाकियों को भी याद दिला जाती :
आऊँगी सबके के पास
बारी - बारी

बताऊंगी नही
कब किस के लिए
आएगी सवारी !

10. मेघा रे मेघा

सुखी धरा पे
उड़ते मेघा ने
जल की बूंदों
को बिखेरा,
मानो अतृप्त लबों पे
चिर अपेक्षित प्रियतम का
प्रिय से हुआ मिलन !
गर्भ में पड़ा बीज
प्रस्फुटित हुआ
नवजात
शिशु सी खुली आँखों सी
दो कोपल उभरी
एक नए प्रेम पेड़ के
आगमन का दे रही सन्देश ।
किरण ने देखा
अब झूला के ;कपाल पे चूम
दुलारने की है उसकी बारी !
सब के स्नेह प्रेम पा
धीरे - धीरे आज जो कोपल हैं
कल एक पेड़ बनेंगी ।
सींचना प्यार से तुम

किरण झूला झुलायेंगी
फूल लगेंगे , फल बनेंगे
छाया भी होगी असीम
हुआ है धरा बादल का
प्रणय मिलन
प्यार के रंग में
रंग जायेगा सम्पूर्ण विश्व !!

11. उम्र

.बे मौसम बारिश से बरस पड़ते हैं
कुछ अहसास इस उम्र में :
कुछ सहमे सहमे से ,
जिन्हें अक्सर
उस उम्र से जोड़ देखा जाता है !

12. बसेरा

सागर की लहरों पे तैरता
किनारे की तरफ अग्रसर
कभी आसमाँ मे उडता
पंछी सा ,
ज़मीं मांजिल नही मेरी
केवल कुछ समय का
है पडाव !
क्यों पडाव पे रहूं ठहरा ?
क्यों पडाव को ही

मान लूँ अपना बसेरा ?
माना ज़मीं पे भी
प्यार बहुत मिला
लेकिन अंतिम
तो नही यह डेरा !

13. सुपथ का राही

सुपथ की शपथ ली है तुमने ;
कुदाल साथ रखना :
विष के झाड़ उग गए हैं
इस पथ पे ।
कभी ही कोई जाता है
दुर्गम है ; निर्जन है
पथिक बहुत ही कम हैं ।
चिराग जला-जला के
रास्ता ढूंढना होगा ,
रोशनी पे तो अधिकार
दूसरों का है ;
उन्होंने चमक दमक कर
इस पथ जाने वालों को
भटका रखा है ,
दौलत के बूते
हवा , पानी , रोशनी
सब कब्जा रखा है ।
हे पथिक इरादा बुलन्द रखो !
आज नही तो कल

सबको इसी पथ आना है
आज अकेले चले हो
तो क्या ?
कल कारवां होगा
किसी को रोशन करना है
पहली किरण तुम ही बन जाओ ।

14. साझा

आओ कुछ पल साझा करते हैं
इस सुहानी सुबह ।
तुम भी ले लो चाय का प्याला
बैठ जाते हैं बगीचे में बिछी
बांस की आराम कुर्सियों पे !
देखो , हम केवल चुपके से बैठे
निहारेंगे आसमान में उड़ते
खग युगलो को ,
चाय की छोटी छोटी
चुस्कियां लेते हुए !
शिकायतों शिकवों को
किसी दूसरे कोने में ही
रख के ही बैठेंगे ,
जैसे प्रथम मिलन में बैठे थे !
अब तो वैसे ही रोज ऐसे ही बैठे
तो बहुत अच्छा होगा !
क्योंकि :
जिंदगी की भाग दौड़ के बाद

ये कुछ वर्ष बचे है अपने लिए ,
इन को क्यों यूं जाने दे
इसकी ,उसकी सब की
निरर्थक चर्चा करते हुए !
शांत से बैठे बैठे यूँ ही
कभी निहारे नयनो में
कभी चुलबुलाहट की मुस्कान लबो पे ,
कभी सहज भाव से आ जाये
हथेली में हथेली एक दूजे के !
आओ कुछ पल साझा करते हैं ....

15. तमाशा

तमाशा ही तमाशा है जिंदगी !!
कभी खुद का होते देखा ,
कभी दूसरों का होते देखा !
ये बन जाओ वो बन जाओ
सुनते आ रहे जब से हुए युवा !
बने इस लायक कि उठा सकें
बोझ खुद का तो कहा गया :
पति बन जाओ ,
बन गया पति तो
तो पापा बन जाओ !
बन गए !!
शुरू हुआ बनने का नया दौर :
अच्छे पुत्र बन जाओ !
अच्छे पति बन जाओ ,

अच्छे पापा बन जाओ
बहुत कठिन दौर शुरू हुआ ,
कभी खत्म ही नही होगा !
पति , पिता या पुत्र बनना तो थी
जैसे एक प्राकृतिक क्रिया !
लेकिन ....लेकिन ...लेकिन
जब सबके साथ अच्छे का विशेषण लगा
जिंदगी का रास्ता ही कन्फ्यूज होने लगा !
मानो बिगड़ ही गया जिंदगी का संतुलन
अब नही चलती जिंदगी पहले सी निर्विघ्न !
कभी कभी तो लगता यूँ ही बने कुछ कुछ
बनना ही नही था यह वह और सब कुछ !

16. युवा

हो जाते जब बच्चे युवा
बंधती उम्मीद माँ बाप की
कर पढ़ाई पूरी
होंगे वे पाँव पे खड़े !
देखने को यह शुभ दिन
कसर न छोड़ते माँ बाप
करते हर मांग पूरी
बच्चों की दौड़े दौड़े !
युवाओं को भी रहती उमीद
होगी पूरी मां बाप की मुरीद !
मिल जाएगा कोई रोजगार
होगी उनके जीवन मे नई भोर !

करते बहुत भाग दौड़
होते बहुत ही निराश
जब नही हाथ लगता
बेरोजगारी का कोई तोड़ !
नौकरी किसी को कैसे मिले
बिक जाती लाखों करोड़ों में
धन नही तो धक्के खाते रहते
पढ़े लिखे बेरोजगार रोड़ों पे !
बढ़ रहा धोखे का रोग
परीक्षा किसी की
दे आता कोई और
युवा दुख रहे भोग !
कभी तो लगानी होगी लगाम
कब तक चलता रहेगा यह खेल
योग्य पिछड़ रहे अयोग्य बढ़ रहे
हो रही पूरी व्यवस्था बदनाम !

17. चीख

कुछ चीख रहा है ;
कुछ चीर रहा है
संवेदनाएं अभी मरी नही हैं ,
लेकिन सहमी और डरी भी नही हैं ।
हो के अभ्यस्त हो गये हैं तटस्थ
यह यहाँ रोज का मंजर है
डराता नही कोई भी अब खंजर है !
डरें भी क्यों ????

निहत्था हूँ तो क्या ?
जो आएगा करने वार
उसी पे हो के सवार
छीन लूंगा उस का हथियार
कर दूंगा उस पे ही वार
नही सोचूँगा जीत होगी या हार ।
कब तक रहेंगे भरोसे :
कोई आएगा ; बचायेगा ?

18. किशोर

बचपन से किशोर होते होते आते परिवर्तन अनेक
माँ बाप को दिखता बच्चों का दम , खुश होते वे यह देख !
उंगली छोड़ अपने पैरों ही पे चलने का जागता विश्वास
कहीं भी जाना हो या कुछ करना हो बढ़ जाता उल्ललास !
स्नान , कपड़े बदलने में रहता था अब तक जो निर्भर
इन सब व अन्य कार्यों में अब हो गया अब आत्मनिर्भर !
अब तक रहता था जो खेलता इधर उधर घर के अंदर
चाहिये उसे दोस्त बहुत बाहर खेलने को दिन भर !
खेलता था जो खेल, चोट का उनसे डर कम था रहता
अब जो खेल खेलता उनसे गिरने पड़ने भय लगा रहता !
अभी तक घर के अंदर ही खेलता था कैरम व गुड्डा गुड्डी
अब लगाता रेस खेलता हाकी , क्रिकेट, कुश्ती ,कबड्डी !
स्कूल का बैग भर गया पुस्तको से बहुत भारी हो गया
पहले माँ छोड़ती थी अब खुद बैग की सवारी हो गया !
पहले पकड़ उंगली काम करवा देता कोई भाई बहन
अब तो खुद ही करना होता और करना पड़ता वहन !

सीखा तो बहुत था पहाड़े , जमा, घटा भाग गुणा
लेकिन फिर भी अध्यापक की डाँट बहुत बार सुना !
लम्बे होते हैं अब और मुश्किल गणित के सवाल
हल करते करते थक के हो जाता बहुत बुरा हाल !
विषय बहुत बढ़ गए भूगोल विज्ञान और तीन तीन भाषा
पूरा हो काम सब विषयों का रहती अध्यापको की आशा !
माता पिता चाहते अब किशोर बंटवाये घर के काम मे हाथ
बहुत उलझन में फंस जाता समझ नही आती उसे बात !
कभी मान लेता कहा माँ बाप का , कभी बहुत ही झुंझला
जाता
कैसे बनाये सन्तुलन खेल , पढ़ाई व काम मे नही वह समझ
पाता !
किसी तरह बाह्य परिवर्तन जो आते उन को कर लेता
आत्मसात
लेकिन तन मन के अंदर आते परिवर्तन बारे किस से करे
वह बात !
ये कुछ ऐसे प्रश्न जो माता पिता ,भाई दोस्त किसी न कर
पाता जिक्र
लेकिन कुछ अध कचरे सड़क छाप वैद्य बढ़ा देते उसका
बहुत फिक्र !
इसी उठा पटक में बढ़ता रहता आगे और देखने लगता मधुर
स्वप्न
हो जाता उसी का और चल पड़ता पीछे जो दिखा दे उसे
अपनापन !
इस उम्र में बने दोस्त कहलाते लँगोटिया यार
ये दोस्त रखते अपनापन और करते बहुत प्यार !

www.ingramcontent.com/pod-product-compliance
Lightning Source LLC
Chambersburg PA
CBHW020511160726
47991CB00007B/2907